Katharina Grabher

VORARLBERGER SPEZIALITÄTEN

KOMPASS Küchenschätze

Ein Wort zuvor

Das Land „vor dem Arlberg", seit Beginn des 18. Jahrhunderts Vorarlberg genannt, ist das westlichste Bundesland Österreichs. Durch hohe Bergketten ist es vom übrigen Österreich abgeriegelt, aber mit dem Rheintal und der Bodensee-Niederung zur Schweiz, nach Schwaben und Bayern hin geöffnet.

Diese verschiedenen Grenzländer haben die Vorarlberger Küche sicher beeinflußt, dennoch gibt es eine Vielzahl landestypischer Rezepte mit Produkten, die im Land hergestellt oder erzeugt werden. So ist beispielsweise die Milch- und Käsewirtschaft bedeutend. Die klimatischen Voraussetzungen ermöglichen es aber auch, daß Erdäpfel (Kartoffeln), Getreide und Obst angebaut werden. Die Gebirgsflüsse und der Bodensee liefern herrliche Fische, vor allem Forellen und Felchen.
Früher kannte die Vorarlberger Küche einfache und gleichzeitig nahrhafte Gerichte wie Muse oder kräftige Suppen. Fleischspeisen gab es nur an Sonn- und Feiertagen. Nach Hausschlachtungen im Herbst, vor Weihnachten oder Ostern verzehrte man ausschließlich das Leichtverderbliche und konservierte den Rest durch Einpökeln in Salz oder man gab es „in den Rauch", wo es zu „Diegenem" wurde.
Im Wandel der Zeit hat sich auch die Speisenkarte Vorarlbergs verändert. Von den heute angebotenen, teils sehr herzhaften Gerichten und der Vielseitigkeit der Vorarlberger Küche ist jeder Besucher immer wieder begeistert.
In diesem Buch finden Sie daher eine Vielzahl traditioneller Rezepte, beispielsweise klare oder gebundene Suppen, verschiedene Haupt- oder Zwischengerichte, Beigaben sowie Süßes und Gebäck. Sie können typische Fischgerichte wie die „Bregenzer Felchen" oder den „Wurzelkarpfen" kennenlernen. Auch die Vorarlberger Fleischküche ist so variabel wie das Land selbst. Gerne werden Innereien wie „Nierndln" (Nieren) oder „Kuttla" (Kutteln) verarbeitet.

Sehr beliebt sind auch die „Grumpera“ (Erdäpfel), mit denen viele Gerichte zubereitet werden. Besonders raffiniert ist das Garen im Backrohr, beispielsweise als „Montafoner Erdöpfl“.
Wohl am bekanntesten sind die in Vorarlberg hausgemachten „Spätzle“, „Knöpfle“, „Riebel“ und Muse. Die besten Rezepte und Variationen daraus finden Sie in einem eigenen Kapitel.
Die letzten Seiten dieses Buches sind dem Schmalzgebackenen und den süßen Gebäcken gewidmet. Auch eine Auswahl typisch Vorarlberger Käsespezialitäten wird Ihnen vorgestellt.
Auf den nachfolgenden Seiten finden Sie jedoch zunächst eine Beschreibung der besonderen landestypischen Gerichte. Daran anschließend werden die küchen- und kochtechnischen Begriffe erklärt und vor dem Rezeptteil dient ein kleines „Küchenlexikon“ als Sprachführer durch das Land. So wird es Ihnen sicher leicht fallen, die verschiedenartigen Vorarlberger Spezialitäten kennenzulernen und mit Freude nachzukochen.
Dabei wünsche ich Ihnen stets ein gutes Gelingen.

Ihre
Katharina Grabher

Inhalt

Die besonderen Vorarlberger Spezialitäten

Die Vorarlberger Küche entstammt ursprünglich einer einfachen Bauernküche und ist von den angrenzenden Regionen wie Tirol, Schwaben oder der Schweiz zusätzlich beeinflußt worden. In den engen Bergtälern haben sich jedoch viele traditionelle Rezepte über Generationen hinweg erhalten. So kennt und schätzt man auch heute noch die **„Montafoner Brennsuppe"** und die **„Walser Käsesuppe".** Aber auch Fruchtsuppen wie die **„Kriesesuppe"** (Kirschensuppe) aus frischen oder getrockneten Früchten ist nach wie vor sehr beliebt. Kräftig muß die **„Gerschtsuppe"** – ein typisches Eintopfgericht – schmecken. Besonders gut gelungen ist sie, wenn sie „stampfdick" serviert wird.
Zu Fisch und Braten passen immer die **„Grumpera"** (Erdäpfel). Ebenso beliebt sind im ganzen Land die **„Spätzle"** – das Vorarlberger Nationalgericht. Mit frisch geriebenem Käse serviert sind sie eine besonders nahrhafte Speise.

Auch der **„Hafaloab“** (Hafenlaib) ist ein sehr altes, traditionelles Vorarlberger Rezept, das in verschiedenen Abwandlungen zubereitet werden kann. Ursprünglich galt es als Fastenspeise. Heute wird der Hafaloab vielerorts vornehmlich als Beilage zu Fleischspeisen, wie beispielsweise den „Sauren Nierndln“ serviert. Der Begriff „Hafa“ stammt von dem Wort „Hafen“ = Kochtopf und „Loab“ ist von der Speisenform, die einem Laib ähnelt, abgeleitet.

Andere typische Vorarlberger Speisen sind auch das **„Überbackene Sauerkraut“** und die **„Suren Grumpera“** (Erdäpfel). Zu den ältesten Gerichten dieses österreichischen Bundeslandes zählt neben dem Mus der landesweit bekannte **„Riebel“.** Er wird nach dem Aufkochen als Brei in eine große Pfanne gegeben und unter Zugabe von Fett durch beständiges Rühren knusprig-bröselig zubereitet. Der Riebel kann zu allen Mahlzeiten gegessen werden. In Vorarlberg serviert man ihn gerne mit heißem, ungesüßtem Kaffee oder mit **„Birestock“** (Birnenkompott) bzw. mit dem typischen **„Süeßlaschnitz“** (Apfelkompott). Auch das **„Rahmmus“** oder **„Hoadelbeermus“** (Heidelbeermus) gehört genauso zur traditionellen Vorarlberger Küche wie die **„Tosche“,** ein Schmarrn aus Pfannkuchenteig.

Von den typischen Schmalzgebäcken seien hier beispielsweise die **„Rheintaler Walerküachle“** erwähnt. Sie werden zunächst auf einem „Walerbrett“ (Backbrett) mit Hilfe eines „Walkers“ (Teigroller) dünn ausgerollt, dann in Vierecke geschnitten und anschließend in heißem Fett ausgebacken. Daneben kennt und schätzt man die **„Krapfa“** (Germkrapfen). Nicht weniger beliebt ist die **„Vorarlberger Ofenkatze“,** die mit einer Weinbeerfüllung in einer Gugelhupfform gebacken wird. Zur Weihnachtszeit sieht man vielerorts Gebildebrote aus Germ-(Hefe-)Teig, die auch gerne verschenkt werden. Hier seien besonders die **„Klasmännle“** oder **„Klasweible“** genannt.

Hohe Almen, weite Täler und eine intensive Milchwirtschaft haben in Vorarlberg die **Käsezubereitung** zur Tradition werden lassen. Aus der Vielzahl der Sorten sind die bekanntesten in einem eigenen Kapitel beschrieben.

Kleines Vorarlberger Küchenlexikon

Apfelkren	=	Meerrettich mit geriebenen Äpfeln
Aranzini	=	Orangeat
Backfett	=	Fett zum Ausbacken, z. B. Butterschmalz
Birestock	=	Birnenkompott
Blaukraut	=	Rotkohl
Bolmentosche	=	Topfen-(Quark-)Schmarrn
Bratreine	=	Bratgeschirr, meist emailliert
Brösel	=	Abkürzung für Semmelbrösel
Dampfl	=	Germ-(Hefe-)Vorteig
Diegenes	=	Selchfleisch
Eidotter	=	Eigelb
Eierschwammerl	=	Pfifferlinge
Eiertosche	=	Eierschmarrn
Erdäpfel	=	Kartoffeln
Erdäpfelbrose	=	Erdäpfelschmarrn
Faschiertes	=	Hackfleisch
Fisolen	=	grüne Bohnen
Flädle	=	Pfannkuchen
Gelbe Rüben	=	Möhren, Karotten
Germ	=	Hefe
Gerstl	=	Graupen, Rollgerste
Grumpera	=	Erdäpfel, Kartoffeln
Guglhupf	=	Napfkuchen, vornehmlich aus Germteig
Hoadelbeeren	=	Heidelbeeren
Holler	=	Holunder
Kiachl	=	kleine Teigstücke
Kletzen	=	getrocknete Birnen
Klasmännle	=	Weihnachtsmännchen
Knöpfle	=	kleine Teignocken aus Nudelteig
Kuttla	=	Kutteln (Rinder- oder Schweinemagen)

Krapfa = Krapfen aus Germteig
Kraut = Weißkohl
Kren = Meerrettich
Kriese, Kriesen = Kirsche, Kirschen
Lauch = Porree
Marillen = Aprikosen
Muas = Mus, Milchkoch
Nocken = längliche Klößchen aus Nudel- oder Kartoffelteig
Ofenkatze = Nudel- oder Kartoffelteig-Hefe-gugelhupf
Paradeismark = Tomatenmark
Rahm = süße Sahne
Riebel = Weizen-, Hafer- oder Maiskoch
Rindssuppe = Fleischbrühe
Rüble = gelbe Rüben, Möhren
Rotkraut = Rotkohl
Selchfleisch = geräuchertes Schweinefleisch
Semmel = Brötchen
Semmelbrösel = Paniermehl
Süeßlaschnitz = Apfelsoße, Apfelmus
Staubzucker = Puderzucker
Strauben = kreisförmiges Gebäck, in heißem Fett ausgebacken
Schlagobers = Schlagsahne
Schlegel = Keule
Schmarrn = gebackener, zerteilter Pfannkuchen-teig
Schöps = Hammel
Schwammerl = Pilze
Topfen = Quark
Tosche = Schmarrn aus Pfannkuchenteig
Weinbeeren = Rosinen
Wurzelwerk = Karotte, Petersilie, Porree und Petersilienwurzel
Zwetschken = Pflaumen

Die wichtigsten Küchenausdrücke

Ablöschen
heiße Flüssigkeit aufgießen, z.B. um einen Bratensatz zu lösen

Abschrecken
gekochte Speisen, wie z.B. Spätzle, mit reichlich kaltem Wasser übergießen

Abseihen – in ein Sieb geben und abtropfen lassen

Austreiben – Teig ausrollen

Einbrenne – Mehlschwitze

Faschieren – durch den Fleischwolf drehen

Gehen lassen
Germ-(Hefe-)Teig mit einem trockenen Küchentuch abdecken und an einem warmen Ort stehen lassen, bis sich das Volumen fast verdoppelt hat

Legieren
Flüssigkeit mit Eidotter (Eigelb), Rahm (süße Sahne) oder Butter binden

Passieren – durch ein feines Sieb streichen oder drücken

Raspeln – grob zerkleinern

Rasten lassen
verschiedene Teigarten stehen oder ruhen bzw. durchziehen lassen

Reduzieren
Einkochen; Soßen oder Bratenfonds werden „eingekocht", damit sie geschmacklich noch intensiver werden

Schaumig rühren
Einrühren von viel Luft, um eine möglichst lockere Schaummasse zu erhalten. Am liebsten setzt man hierzu den Elektroquirl oder die Küchenmaschine ein.

Unterheben, Unterziehen
vorsichtiges Vermischen von Teig und Eischnee. Am besten benutzt man hierzu einen Kochlöffel und hebt damit die festere Teigmasse über den steifgeschlagenen Eischnee, bis alles gut vermischt ist.

Versprudeln – Eier verschlagen, verquirlen

Ziehen lassen
empfindliche Speisen, wie z.B. Nocken, unter dem Siedepunkt garen lassen

Älplerflädlesuppe (Käse-Pfannkuchensuppe)

120 g Mehl	Salz
1/4 l Milch	2 - 3 EL geriebener Käse zum Bestreuen
2 - 3 Eier	1 l kräftige Fleischsuppe
2 EL Butter oder Butterschmalz zum Ausbacken	2 EL gehackter Schnittlauch

● Mehl mit Milch glattrühren. Eier und Salz dazugeben und mit dem Schneebesen kräftig durchschlagen.
15 Minuten rasten lassen.

● In einer Pfanne etwas Fett erhitzen, etwa 2 - 3 EL Teig einfüllen und dabei die Pfanne schräg halten, damit der Teig verlaufen kann. Sofort mit etwas Käse bestreuen. Hellgelb ausbacken, wenden und von der anderen Seite ausbacken. Zum Auskühlen auf einen Teller gleiten lassen.

● Nacheinander weitere „Flädle“ (Pfannkuchen) abbacken. Diese aufrollen, feinwürfelig schneiden und auf Suppentassen verteilen.

● Erst kurz vor dem Servieren mit heißer Fleischsuppe übergießen und mit gehacktem Schnittlauch bestreuen.

Unser Tip:
Die „Flädle“ werden besonders locker, wenn die Eier getrennt verarbeitet werden. Die Eidotter (Eigelb) zum Teig geben, die Eiklar (Eiweiß) dann zu steifem Schnee schlagen und locker unterheben.

Montafoner Brennsuppe

40 g Butter oder Butterschmalz	etwas gemahlener Kümmel
50 - 60 g Mehl	2 - 3 EL Rahm (süße Sahne) oder 2 - 3 EL Weiß- oder Rotwein zum Verfeinern
1 1/4 l kaltes Wasser	
Salz, Pfeffer	

● In einem größeren Topf zunächst die Butter oder das Butterschmalz schmelzen, leicht erhitzen, dann das Mehl dazugeben und hellbraun anrösten.

● Etwas abkühlen lassen.

● Das Wasser langsam, unter beständigem Rühren, dazugeben. Zum Kochen bringen, würzen und 1/2 Stunde bei niedriger Stufe weiterkochen lassen. Dabei gelegentlich gut durchrühren.

● Mit Rahm oder Weiß- bzw. Rotwein verfeinern.

Interessant für Sie:
Nimmt man Maismehl zur Einbrenne, so erhält man die „Türkensuppe". In anderen Gebieten Vorarlbergs nennt man die Brennsuppe auch ganz einfach „Mehlsuppe". Im Montafon serviert man zur Suppe gerne gekochte, geschälte Erdäpfel (Kartoffeln).

„Holdersuppe" (Holundersuppe)

750 g reife Holunderbeeren	80 - 100 g Zucker
3/4 l Wasser	25 g Stärkemehl
1/4 l trockener Rotwein	1 Semmel
Zimt	1 EL Butter
2 - 3 Nelken	1 EL Rahm (süße Sahne)

- Die Holunderbeeren entstielen, waschen und abtropfen lassen. Mit Wasser, Rotwein, Gewürzen und Zucker in einen Topf geben und langsam weichkochen.
- Mit in kaltem Wasser angerührtem Stärkemehl binden.
- Die Semmel in feine Streifen schneiden und in Butter goldgelb rösten.
- Auf die fertige Suppe geben und diese noch mit etwas Rahm verfeinern. Heiß oder kalt servieren.

Unser Tip:
Beerensuppen sind in Vorarlberg sehr beliebt. Auf gleiche Weise bereitet man auch eine „Heidelbeersuppe“ zu.

Klostertaler Erdäpfel-Rahmsuppe

2 gelbe Rüben (Möhren)
1/4 Stück Sellerie
1 kleine Petersilienwurzel
2 Zwiebeln
2 - 3 EL Butter
500 g Erdäpfel (Kartoffeln)
Salz
Majoran, einige Pfefferkörner
zerstoßener Kümmel
1 Lorbeerblatt
ca. 1/2 l Wasser
1 l Fleischsuppe
1 - 2 EL Stärkemehl
kaltes Wasser
6 - 8 EL Rahm (süße Sahne)
kleingeschnittene, frische Petersilie oder 2 EL feingeschnittener, in Butter gedünsteter Lauch (Porree)

● Gelbe Rüben, Sellerie, Petersilienwurzel, Zwiebel sowie Erdäpfel schälen und fein würfeln. Zunächst das Wurzelwerk in heißer Butter andünsten, dann die Erdäpfel dazugeben, salzen, mit Kümmel, Majoran, Pfefferkörner und Lorbeerblatt würzen und mit Wasser weich dünsten.

● Zwischendurch umrühren und evtl. nochmals etwas Wasser nachgießen.

● Nach ca. einer 3/4 Stunde sind die Erdäpfel gar, dann die Suppe durch ein Sieb passieren, mit Fleischsuppe auffüllen und mit in kaltem Wasser angerührtem Stärkemehl abbinden. Nochmals aufkochen lassen, dann kräftig abschmecken. Mit Rahm verfeinern.

● Mit kleingeschnittener, frischer Petersilie oder mit gedünstetem Lauch bestreut servieren.

Pikantje van Gouda

Kriesesuppe (Kirschensuppe)

750 - 800 g reife Kirschen	150 g Zucker
1 EL Butter	Saft und abgeriebene Schale 1/2 unbehandelten Zitrone
1/2 l Wasser	knapp 1/2 l trockener Rotwein
Zimt	25 - 30 g Stärkemehl
2 Nelken	
1 Prise Salz	

● Die Kirschen waschen, gut abtropfen lassen und entsteinen.

● Die Butter in einem größeren Topf erhitzen, die Kirschen hineingeben und kurz andünsten, dann mit Wasser ablöschen. Zimt, Nelken, Salz, Zucker und Zitronenschale sowie -saft dazugeben. Gut durchrühren und bei mäßiger Hitze kochen lassen.

● Sind die Kirschen weich geworden, den Rotwein unterrühren und kurz miterhitzen.

● Mit in kaltem Wasser angerührtem Stärkemehl binden.

Interessant für Sie:
In Vadans war die Kirschensuppe eine Suppe, die vornehmlich als „Morgensuppe“ zu Hochzeitsfesten aufgetragen wurde. Man bereitete sie aus frischen oder gedörrten (getrockneten), vorher entsteinten Kirschen („Kriesen“) zu, die über Nacht in Wasser oder Wein eingeweicht wurden.

Vorarlberger Gerschtsuppe

- 80 g „Gerstl“ (Graupen)
- 30 g getrocknete, weiße Bohnen
- ca. 100 g durchwachsener Speck
- 200 g „Diegenes“ (Selchfleisch), z.B. Schweinshaxe
- 1 l Wasser, 1/2 l Fleischsuppe
- 2 kleine Zwiebeln
- 2 gelbe Rüben (Möhren)
- 1/2 Petersilienwurzel
- 1/4 Stück Sellerie
- 1 - 2 mittelgroße Erdäpfel (Kartoffeln)
- 1 Stange Lauch (Porree)
- Salz, Pfeffer, Muskat
- 2 EL Mehl, Wasser
- 2 EL Rahm (süße Sahne)
- 2 EL gehackte Petersilie zum Bestreuen

● Die Gerstl und Bohnen über Nacht in reichlich kaltem Wasser einweichen. Abtropfen lassen.

● Den Speck fein würfeln und in einem größeren Topf ausbraten. Gerste und Bohnen kurz mitrösten. Das kleingeschnittene „Diegenes“ dazugeben und mit Wasser sowie Fleischsuppe auffüllen.

● Zwiebeln, gelbe Rüben, Petersilienwurzel, Sellerie und Erdäpfel schälen, waschen, würfeln oder in längliche Stifte schneiden. Den Lauch putzen, waschen und in Ringe schneiden.

● Alles zur Suppe geben, kräftig würzen und etwa 1 Stunde lang auf niedriger Stufe kochen lassen.

● Mehl mit Wasser und Rahm glattrühren und die Suppe damit binden. Mit gehackter Petersilie bestreut servieren.

Interessant für Sie:
Die „Gerschtsuppe“ ist ein weit verbreitetes, bäuerliches Gericht, die besonders gut gelungen ist, wenn sie „stampfdick“ serviert wird. Würzig und schmackhaft wird sie, wenn man ein Stück „Diegenes“ mitkocht. Das ist eine Alt-Vorarlberger Bezeichnung für „Geselchtes“ (Geräuchertes) Schweinefleisch.

Walser Käsesuppe

- 60 g Butter
- 60 g Mehl
- 1 l kräftige Fleischsuppe
- 200 g milder Bergkäse oder Rahm-Schmelzkäse
- 2 Eidotter (Eigelb)
- 1/8 l Rahm (süße Sahne)
- Salz, Pfeffer, etwas frisch geriebener Muskat
- 2 EL gehackter Schnittlauch

Für die Brotwürfel:

- 2 Scheiben würfelig geschnittenes Brot
- 2 EL Butter oder Butterschmalz

● In einem größeren Topf zunächst die Butter schmelzen, leicht erhitzen, dann das Mehl dazugeben und hellbraun anrösten.

● Etwas abkühlen lassen. Die Fleischsuppe langsam, unter beständigem Rühren, dazugeben. Aufkochen und etwa 10 Minuten weiterkochen lassen. Dabei immer wieder einmal umrühren.

● Den Bergkäse grob reiben oder den Schmelzkäse in Stückchen zerteilen. Zur Suppe geben und so lange weiter köcheln lassen, bis sich der Käse aufgelöst hat.

● Die Suppe von der Kochstelle nehmen. Eidotter mit Rahm verquirlen, kräftig würzen und einrühren. Etwas durchziehen lassen.

● Inzwischen die Brotwürfel vorbereiten. Hierzu die Brotscheiben würfeln, in heiße Butter geben und unter beständigem Wenden darin rösten.

● Die Käsesuppe auf vorbereitete Teller verteilen und die Brotwürfel mittig daraufgeben. Mit gehacktem Schnittlauch bestreut servieren.

Geröstete Brotsuppe

100 g Brotreste	3 EL Rahm (süße Sahne)
60 g Butter	Salz, Pfeffer
1 Zwiebel	frisch geriebener Muskat
1 EL Mehl	2 Scheiben dunkles Brot, 2 EL Butter
1 1/2 l kräftige Fleischsuppe	2 - 3 EL gehackter Schnittlauch
1 Knoblauchzehe	
2 Eidotter (Eigelb)	

● In einem größeren Topf die feingeschnittenen Brotreste in etwas zerlassener Butter goldbraun rösten. Die in Würfel geschnittene Zwiebel dazugeben und kurz mitdünsten. Mit Mehl bestäuben, durchrühren und die Fleischsuppe dazugießen. Die zerdrückte Knoblauchzehe beigeben, die Suppe aufkochen und bei niedriger Stufe etwa 20 - 30 Minuten „köcheln" lassen.

● Eidotter mit Rahm versprudeln. In die heiße Suppe einrühren, diese von der Kochstelle nehmen und kräftig abschmecken.

● Die Brotscheiben in feine Würfel schneiden, in Butter anrösten und mit dem gehackten Schnittlauch über die Suppe geben. Sofort servieren.

Unser Tip:
Sind die Brotreste recht altbacken, so ist es besser, das feingeschnittene Brot zunächst etwa eine Stunde lang in 1 l lauwarmer Fleischsuppe einzuweichen, dann zu den gerösteten Zwiebeln geben und kurz mitdünsten. Nach dem Bestäuben mit Mehl die restliche Fleischsuppe angießen.

Überbackene Zanderfilets

8 Zanderfilets à 150 - 180 g	500 g geschälte Tomaten
4 TL Zitronensaft	1 TL Paprika, edelsüß
Salz, Pfeffer	Soße zum Überbacken:
40 - 50 g Butter	125 g Rahm (süße Sahne)
3 EL Öl	100 g geriebener Käse, z.B. Emmentaler
200 g Zwiebeln, in Ringe geschnitten	1 - 2 EL Weißwein
1 Knoblauchzehe, gehackt	Salz, weißer Pfeffer

● Die Zanderfilets kurz kalt abspülen und mit Küchenpapier trockentupfen. Mit Zitronensaft beträufeln, salzen und pfeffern. In einer ofenfesten Form die Butter schmelzen und die Zanderfilets hineinlegen.

● Das Öl in einem flachen Topf erhitzen, Zwiebeln und Knoblauch darin dünsten. Tomaten dazugeben. Mit Paprikapulver, Salz und Pfeffer würzen.

● Das Backrohr auf 200 - 220°C vorheizen. Die Fischfilets mit der Tomaten-Zwiebelmischung überziehen und für 20 Minuten ins heiße Rohr schieben. Inzwischen die Überbackmasse vorbereiten. Hierzu den Rahm erhitzen, aber nicht kochen, und den Käse darin schmelzen. Mit Wein und Gewürzen abschmecken. Über den Fisch in die Form geben und nochmals 10 - 15 Minuten überbacken. In der Form servieren.

Beilage:
Hausnudeln oder Reis und gemischter Salat.

Wurzelkarpfen

8 Karpfenstücke
à ca. 100 - 150 g

Wurzelwerk aus:

1/4 Stück Sellerie

2 große, gelbe Rüben (Möhren)

1/2 Petersilienwurzel

1 Zwiebel

1 Stange Lauch

Salz

1 Lorbeerblatt

Thymian

einige Pfefferkörner

1 Prise Zucker

2 - 3 EL Weinessig

etwas Dill als Garnitur

2 EL frisch geriebener Kren (Meerrettich) zum Bestreuen

- Die Karpfenstücke kurz kalt abspülen und abtropfen lassen.

- Sellerie, gelbe Rüben, Petersilienwurzel und Zwiebel schälen, waschen, würfeln oder in Scheiben schneiden. Den Lauch putzen, waschen und in Ringe schneiden.

- Die Karpfenstücke zusammen mit dem so vorbereiteten Wurzelwerk in einen größeren Topf geben.

- Salz, Lorbeerblatt, Thymian und zerstoßene Pfefferkörner dazugeben. Zucker mit Essig mischen und darüber verteilen. Mit so viel Wasser auffüllen, daß die Fischstücke gerade bedeckt sind.

● Bei niedriger Stufe im geschlossenen Geschirr in 15 - 20 Minuten garziehen lassen.

● Die Fischstücke vorsichtig herausheben. Das Wurzelwerk auf Tellern dekorativ anrichten, die Fischstücke darauflegen, mit Dill garnieren und mit frisch geriebenem Kren bestreuen. Etwas Sud darüber verteilen und sofort servieren.

Beilage:
Gekochte Erdäpfel (Kartoffeln).

Felchen nach Bregenzer Art

8 Felchenfilets	1 Zwiebel
1 EL Zitronensaft	100 frische Schwammerl, z.B. Champignons
Salz	1 - 2 Tomaten
60 g Butterschmalz zum Braten	4 - 5 Perlzwiebeln
Mehl zum Wenden	5 - 6 Kapern
gehackte Petersilie zum Bestreuen	2 TL Zitronensaft
Für die Soße:	Salz, Pfeffer
50 g Butter	1/16 l trockener Weißwein
	1 - 2 TL Stärkemehl

● Die Felchenfilets kurz kalt abspülen und mit Küchenpapier trockentupfen. Salzen und mit Zitronensaft beträufeln. Etwas durchziehen lassen, dann das Butterschmalz erhitzen, die Felchenfilets in Mehl wenden und sogleich von beiden Seiten knusprig braun braten. Warm stellen.

● Für die Soße die Butter erhitzen. Die feingehackte Zwiebel darin anschwitzen. Die geputzten, geviertelten Schwammerl und die geschälten, gewürfelten Tomaten sowie Perlzwiebeln und Kapern dazugeben.

● Zugedeckt einmal aufkochen und dann auf niedriger Stufe etwa 5 Minuten garziehen lassen. Zuletzt mit Zitronensaft, Salz und Pfeffer würzen. Stärkemehl mit Weißwein verrühren und die Soße damit binden.

● Die Felchenfilets auf Tellern anrichten, mit gehackter Petersilie bestreuen und die Soße separat dazu servieren.

Beilage:
Gekochte Erdäpfel (Kartoffeln), in Butter geschwenkt.

Hecht mit Senfbutter

- 1 Hecht im Ganzen, in 4 Portionen à 150 g zerlegt
- Salz
- 1 EL Zitronensaft
- 1 Zwiebel
- 4 Pfefferkörner
- 4 - 6 EL Weinessig

Senfbutter:

- 150 g Butter
- 1 1/2 TL Senf
- etwas Fischsud

● Die Hechtstücke kurz kalt abspülen und mit Küchenpapier trockentupfen. Salzen und mit Zitronensaft beträufeln. Etwas durchziehen lassen, dann in einen Fischtopf geben.

● Die Zwiebel schälen, in Ringe schneiden und auf dem Fisch verteilen. Zerstoßene Pfefferkörner und Essig hinzufügen. So viel Wasser dazugeben, daß die Fischstücke gerade bedeckt sind. Etwa 12 - 15 Minuten zugedeckt dünsten lassen.

● Inzwischen die Senfbutter vorbereiten. Hierzu die Butter zerlassen, Senf und etwas Fischsud einrühren. Heiß werden lassen.

● Die Fischstücke anrichten und mit der Butter überziehen. Sofort servieren.

Beilage:
Reis oder gekochte Erdäpfel (Kartoffeln), Salat.

Bachforelle „blau“

1/4 l trockener Weißwein	8 - 10 Pfefferkörner, Salz
4 EL Weinessig	1 - 2 Lorbeerblätter
2 gelbe Rüben (Möhren)	4 küchenfertige Bachforellen à 400 - 500 g
2 Zwiebeln	Butter
4 Zitronenscheiben	

● Den Weißwein mit 1/2 l Wasser mischen und in einem größeren, länglichen Fischtopf aufkochen. Essig, geputzte und in Scheiben geschnittene gelbe Rüben sowie geschälte, geviertelte Zwiebeln, Zitronenscheiben, Salz, Pfefferkörner und Lorbeerblätter dazugeben.

● Zugedeckt 15 - 20 Minuten „köcheln“ lassen.

● Inzwischen die Forellen kalt abspülen und trockentupfen. In den vorbereiteten Sud legen und ca. 15 Minuten durchziehen lassen.

● Die Butter schmelzen.

● Die Forellen aus dem Sud heben, mit etwas Sud und der geschmolzenen Butter anrichten und mit Zitronenscheiben garnieren.

Beilage:
Gekochte Erdäpfel (Kartoffeln), mit frisch gehackter Petersilie bestreut,
und Salat.

Unser Tip:
Die Forellen können Sie mit Petersilie, Salatblättern, Tomaten- und Zitronenscheiben garnieren. Dazu reicht man nach Belieben

- frische oder geschmolzene Butter
- frisch geriebenen Kren (Meerrettich) oder eine Krensoße
- oder eine Schwammerl-(Pilz-)Soße.

Die Forellen lassen sich auch im Backrohr bei 180 - 200°C in 20 - 25 Minuten in einer größeren Bratreine (Bratgeschirr) dünsten.

Ofenbraten

- 1 - 1,2 kg Schweinebraten mit Schwarte (Schlegel oder Schulter)
- 1 Knoblauchzehe
- 1 TL Kümmel
- 100 - 150 g durchwachsener Speck, in Würfel geschnitten
- etwas Öl
- 2 - 3 Tassen heiße Fleischsuppe oder heißes Wasser
- 500 - 600 g Erdäpfel (Kartoffeln)
- etwas saurer Rahm nach Belieben

● Das Backrohr auf 200 - 220°C vorheizen. Das Bratenstück kurz kalt abspülen und mit Küchenpapier trokkentupfen. Die Schwarte mit einem scharfen Messer kreuzweise einschneiden.

● Salz, Pfeffer, geschälte und gepreßte Knoblauchzehe, sowie Kümmel mit etwas Öl mischen und das Bratenstück von allen Seiten damit einreiben.

● In einer großen Bratreine (Bratform) zunächst den Speck etwas anrösten, dann das Fleischstück hineinlegen und von allen Seiten anbraten. 2 Tassen heiße Fleischsuppe oder heißes Wasser dazugeben und die Bratreine ins Backrohr einsetzen.

● 2 - 2 1/2 Stunden braten. Nach der Hälfte der Zeit geschälte, in Scheiben geschnittene Erdäpfel um den Braten legen und die restliche Flüssigkeit darüber verteilen. In den letzten 10 Minuten den sauren Rahm nach Belieben zufügen.

● Den Braten aufschneiden und mit den Erdäpfelscheiben und der Soße servieren. Eventuell nochmals abschmecken.

Beilage:
Gemischtes Gemüse, Knödel, Salat.

Pfeffer

Saure Schweinsnierndln Vorarlberger Art

500 g Schweinsnieren, gesäubert und gewässert	1 EL Mehl
Pfeffer, 1 Prise Majoran	1/4 l Fleischsuppe
40 g Butterschmalz	2 EL Essig, 1 EL Zitronensaft
1 gehackte Zwiebel	3 - 4 EL Rahm (süße Sahne)
	Salz

● Die Nieren mit Küchenpapier trockentupfen, etwas kleinschneiden und gut würzen.

● In einem Schmortopf das Butterschmalz erhitzen, die Zwiebel andünsten, die Nieren dazugeben und leicht anrösten. Mit Mehl bestäuben, kurz durchbraten und mit Fleischsuppe aufgießen.

● Etwa 5 - 8 Minuten garen. Mit Essig, Zitronensaft und Rahm abschmecken, dann erst salzen. Sofort servieren, weil die „Nierndln“ rasch hart werden.

Beilage:
Hafaloab (Rezept Seite 60) oder Nudeln und nach Belieben süßsaure Gurken.

„Rhitaler Kuttla“ (Rheintaler Kutteln)

1 kg Kutteln, Salz, Pfeffer

Wurzelwerk aus:
1 Stange Lauch (Porree)
1/2 Petersilienwurzel
1/4 Stück Sellerie
1 - 2 gelbe Rüben (Möhren)

1 Lorbeerblatt

einige zerstoßene Pfefferkörner

Saft 1/2 Zitrone

100 - 150 g durchwachsener Speck

1 gehackte Zwiebel

30 g Mehl

1/8 l trockener Weißwein

1 El Paradeismark (Tomatenmark)

1 TL gehackte Petersilie

● Die Kutteln in reichlich gesalzenem Wasser einmal aufkochen, danach gründlich auswaschen und zusammen mit dem geputzten, kleingeschnittenen Wurzelwerk und den Gewürzen langsam in 3 - 4 Stunden weichkochen.

● Die Kutteln abgießen, abtropfen lassen und dabei den Sud auffangen. Etwas abkühlen lassen, dann feinnudelig schneiden und mit Pfeffer sowie Zitronensaft würzen.

● In einem größeren Topf den gewürfelten Speck anrösten, die Kutteln dazugeben und mitrösten. Mit Mehl bestauben, mit dem Kochsud und Wein ablöschen. Das Paradeismark einrühren und mit Petersilie würzen. Nochmals kräftig abschmecken.

Gefülltes Kraut

8 schöne Blätter von einem großen Krautkopf

400 g gemischtes, faschiertes Fleisch (2/3 vom Rind, 1/3 vom Schwein)

1 gehackte Zwiebel

1 Knoblauchzehe

30 - 40 g Butter

Salz, Pfeffer

gemahlener Kümmel, Majoran

1 Ei

1 TL gehackte Petersilie

8 Speckscheiben

Mehl und saurer Rahm (Sahne) für die Soße

● Von einem größeren Krautkopf 8 schöne Blätter abtrennen, in gesalzenem Wasser halbweich kochen und die groben Rippen flach abschneiden.

● In einer Pfanne Zwiebel und geschälten, durchgepreßten Knoblauch in Butter anrösten. Mit dem Faschierten, den Gewürzen, dem Ei sowie der Petersilie und dem Senf gut vermischen.

● Das Backrohr auf 200 - 225 °C vorheizen.

● Auf jedes Krautblatt etwas Fleischmasse geben, einrollen, mit einer Speckscheibe umwickeln und festbinden oder mit Zahnstochern feststecken.

● Die so gefüllten Blätter in eine größere Bratreine (Bratform) legen und etwa 1/8 l Wasser angießen.

● In 40 - 50 Minuten im Backrohr schmoren lassen, dann die Krautwickel herausnehmen und warmhalten.

● Den Soßenfond mit Wasser auffüllen, aufkochen, mit in saurem Rahm glattgerührtem Mehl binden und nochmals abschmecken.

Beilage:
Gekochte Erdäpfel.

Gesottenes Krenfleisch

1 1/4 l Wasser	1/4 Stück Sellerie
etwa 1/4 l Essig	2 gelbe Rüben (Möhren)
Salz	1 große Zwiebel
einige zerstoßene Pfefferkörner	1 Petersilienwurzel
800 g - 1 kg Brust- oder Beinfleisch vom Rind	frisch geriebener Kren
	1 - 2 EL gehackter Schnittlauch

- Das Wasser mit dem Essig und den Gewürzen zum Kochen bringen. Das kurz kalt abgespülte Fleisch einlegen, nochmals aufkochen und die Kochplatte herunterschalten. Das Fleisch auf niedriger Stufe leicht „köchelnd" in etwa 2 Stunden garziehen lassen.

- Das Wurzelwerk putzen oder schälen, grob zerkleinern und waschen. Etwa 1/2 Stunde vor Ende der Kochzeit hinzufügen und mitkochen.

- Zum Servieren das Fleisch in Scheiben schneiden, mit Wurzelgemüse belegen, mit geriebenem Kren und gehacktem Schnittlauch bestreuen. Etwas Sud darübergeben und sofort servieren.

Beilage:
Gekochte Erdäpfel (Kartoffeln).

Unser Tip:
Besonders intensiv schmeckt das Fleisch, wenn eine geschälte, zerdrückte Knoblauchzehe mitgekocht wird. Nimmt man während des Aufkochens den sich absetzenden Schaum ab, so bleibt der Sud schön klar.

Vorarlberger „Fleischpölsterle“

600 g gemischtes, faschiertes Fleisch (vom Rind und Schwein)
2 altbackene Semmeln, Milch
50 g feingewürfelter Speck
1 Ei
Salz, Pfeffer, Majoran
gemahlener Kümmel
1 Zwiebel, etwas Butter
1 EL gehackte Petersilie
1 Knoblauchzehe
1/2 - 1 TL Senf
1/2 Tasse Rahm (süße Sahne)
50 - 80 g Butterschmalz zum Braten

● Faschiertes Fleisch und in Milch eingeweichte, ausgedrückte Semmeln mit Speck, Ei und Gewürzen mischen.

● In Butter geröstete, feingehackte Zwiebel, Petersilie, geschälte und gepreßte Knoblauchzehe sowie Senf und Rahm dazugeben. Alles zusammen zu einer geschmeidigen Masse verkneten.

● Anschließend daraus kleine, runde Laibchen formen, diese etwas flachdrücken und in heißem Butterschmalz auf beiden Seiten in einer größeren Pfanne ausbraten.

Beilage:
Erdäpfelpüree (Kartoffelpüree) und Rotkrautsalat.

Gebratener Schöpsenschlegel

1 Schöpsenschlegel (Hammelkeule) mit Knochen, etwa 2 kg
2 - 4 Knoblauchzehen
Salz, Pfeffer, Rosmarin
4 - 5 EL Öl
2 TL Senf
60 g zerlassene Butter
ca. 1/4 l heiße Fleischsuppe
70 ml süßer Rahm (Sahne)

● Den Lammschlegel kurz kalt abspülen und mit Küchenpapier trockentupfen.

Die Knoblauchzehen schälen und durchpressen, mit Salz, Pfeffer, Rosmarin, Öl und Senf verrühren und den Schlegel damit von allen Seiten einreiben.

● Das Backrohr auf 180 - 200 °C vorheizen.

● Den Schlegel in einer großen Bratreine (Bratform) in heißer Butter anbraten, mit etwas Fleischsuppe ablöschen, in das Rohr schieben und in 1 1/2 - 2 Stunden fertigbraten. Zwischendurch mehrmals begießen.

● Den Schlegel aus der Reine auf eine Platte geben und im abgeschalteten Rohr ruhen lassen. Den Bratensatz mit Wasser lösen, aufkochen und mit Rahm verfeinern. Abschmecken. Das Fleisch am Knochen entlang aufschneiden und die Soße separat dazu servieren.

Beilagen:
Gebratene Erdäpfel oder Montafoner „Käsedöpfl" und Fisolen (grüne Bohnen).

Montafoner Hirschrücken

1 Hirschrücken mit 1,2 - 1,5 kg Gewicht	200 g Eierschwammerl (Pfifferlinge)
Salz, Pfeffer, 150 g Speck	1/2 Bund gehackte Petersilie
50 - 60 g Butterschmalz	1 Tasse trockener Weißwein

● Den Hirschrücken kurz kalt abspülen und mit Küchenpapier trockentupfen. Mit Salz und Pfeffer gut einreiben und mit etwa 100 g Speck spicken.

● Das Butterschmalz in einer größeren Bratreine erhitzen, den Hirschrücken darin von allen Seiten anbraten, dann im auf 200 225 °C vorgeheizten Bratrohr in etwa 2 Stunden fertigbraten, dabei wiederholt mit dem Bratenfond begießen und gegebenenfalls etwas Wasser hinzufügen.

● Den restlichen Speck würfeln, ausbraten, die geputzten Eierschwammerl dazugeben, würzen, mit gehackter Petersilie bestreuen und mit Wein ablöschen. Die Schwammerl zum aufgeschnittenen Braten garnieren.

Beilage:
Spätzle und Preiselbeeren.

Jägerbraten mit „Grumpera“

(Erdäpfeln)

- 1 altbackene Semmel
- etwas Milch
- 1/2 Bund Petersilie, 1 Ei
- 500 g gemischtes Faschiertes vom Rind und Schwein
- Salz, Pfeffer, Muskat
- 1/2 TL Senf
- evtl. etwas Milch
- 200 g Gouda
- Butter für die Form
- 1 kg mehlig-festkochende „Grumpera“ (Erdäpfel, Kartoffeln)
- 1/8 l Rahm (süße Sahne)

● Die Semmel in Milch einweichen und gut ausdrücken. Die Petersilie waschen und fein hacken. Beides mit dem Ei zum Faschierten geben, kräftig würzen und den Senf dazugeben. Alles zusammen, eventuell unter Zugabe von etwas Milch, zu einer geschmeidigen Masse verkneten.

● Daraus einen flachen, länglichen Laib formen. In der Mitte etwas auseinanderdrücken und den in dicke Riegel geschnittenen Käse einlegen. Mit Fleischteig umschließen.

● Eine große, ofenfeste Form mit Butter einfetten und den Fleischlaib hineinlegen.

● Die „Grumpera“ (Erdäpfel, Kartoffeln) schälen, in dünne Scheiben hobeln, gründlich waschen und gut abtropfen lassen. Um das Fleisch in die Form legen und mit Rahm begießen.

● Das so vorbereitete Gericht bei 180 - 200°C im vorgeheizten Backrohr in 60 - 70 Minuten zubereiten.

Beilage:
Gemischter Salat.

„Rindsvogel“ (Gerollter Rindsbraten)

- 1 kg Rindfleisch, z. B. Beiried (ähnlich dem Roastbeef) oder Rindsschulter
- Salz, Pfeffer
- 300 g vorgekochter Spinat, gut abgetropft
- 1 Knoblauchzehe
- 60 - 70 g Butterschmalz
- 1 Zwiebel
- 200 g faschiertes Rindfleisch
- 1/2 - 1 TL Senf
- etwas Majoran
- etwas gemahlener Kümmel
- ca. 1/4 l Fleischsuppe
- ca. 1/4 l trockener Rotwein
- Rahm (süße Sahne) zum Verfeinern

● Das Fleisch kurz kalt abspülen, mit Küchenpapier trockentupfen und der Länge nach so schneiden, daß es sich auseinanderklappen läßt. Etwas flachklopfen, dann von beiden Seiten salzen und pfeffern.

● Den vorgekochten Spinat darauf verteilen.

● 20 g Butterschmalz in einer Pfanne erhitzen und die geschälte, feingewürfelte Zwiebel darin glasig dünsten. Das Faschierte hinzufügen, unter beständigem Rühren anbraten und kräftig mit Salz, Pfeffer, Senf, Majoran und Kümmel würzen. Etwas abkühlen lassen, dann gleichmäßig über dem Spinat verteilen.

● Das Fleisch nun fest zusammenrollen und mit Küchengarn gut umwickeln oder mit Zahnstochern feststecken.

● Das restliche Butterschmalz in einer größeren Bratenkasserolle erhitzen, den „Rindsvogel“ darin von allen Seiten anbraten, mit Fleischsuppe ablöschen und auf niedriger Stufe zugedeckt etwa 2 Stunden schmoren lassen. Gelegentlich wenden und begießen.

● Aus der Form auf eine Platte geben und warmstellen.

● Den Bratensatz mit Wasser lösen, mit Rotwein auffüllen, nochmals aufkochen, abschmecken und mit Rahm verfeinern.

● Das Fleisch aufschneiden und mit der Soße anrichten.

Beilage:
Hausnudeln oder G'schupfte Nudeln und „Rüble"-Salat (Möhrensalat).

„Erdäpfelbrose“ (Erdäpfelschmarrn)

500 g mehlig kochende Erdäpfel (Kartoffeln)
Wasser, Salz
300 g Mehl
etwas Milch
1 - 2 Eier
Salz, Pfeffer, Muskat
60 - 80 g Butter

- Die Erdäpfel schälen und in gesalzenem Wasser garkochen. Abseihen und abkühlen lassen.
- Dann reiben, mit fast der gleichen Menge Mehl, etwas Milch, Ei und Gewürzen zu einer festeren Masse verkneten. Etwa 30 Minuten lang rasten lassen.
- In einer größeren Pfanne etwas Butter erhitzen, nacheinander aus der Masse mehrere „Schmarrn“ abbacken, dabei zuerst auf der einen Seite goldbraun anrösten, wenden und auch die andere Seite gut bräunen. Anschließend mit zwei Gabeln zerreißen und noch kurz fertigbacken.
Warm servieren.

Beilage:
Gemischter Salat.

Überbackenes Sauerkraut

1 große Zwiebel
100 g magerer Speck
5 - 6 EL Butterschmalz
500 g Sauerkraut
1/2 TL Kümmel
3 - 4 Wacholderbeeren
Wasser oder Fleischsuppe
750 g mehlige Erdäpfel (Kartoffeln)
etwa 1/4 l heiße Milch
Salz, Pfeffer
Muskat
50 g Butter
Butter und 2 EL Semmelbrösel für die Form
Butterflöckchen (30 g)
etwas geriebener Emmentaler nach Belieben

- Die feingeschnittene Zwiebel und den gewürfelten Speck in heißem Butterschmalz anrösten. Das

Sauerkraut dazugeben und mit Kümmel sowie den zerstoßenen Wacholderbeeren würzen. Unter Zugabe von etwas Wasser oder Fleischsuppe zugedeckt in 30 - 40 Minuten weichdünsten. Zwischendurch ein- bis zweimal vorsichtig umrühren, dabei eventuell noch etwas Flüssigkeit angießen.

- Die Erdäpfel schälen, waschen und in reichlich Salzwasser garkochen. Abseihen, in eine Rührschüssel geben und unter Zugabe von heißer Milch und Butter zu einem geschmeidigen Püree verarbeiten. Mit Salz, Pfeffer und Muskat würzen.

- Eine größere Auflaufform oder eine Bratreine (Bratform) mit Butter einfetten und mit Semmelbröseln ausstreuen. Das Sauerkraut einfüllen und mit dem Püree abdecken.

- Nach Belieben mit Käse bestreuen und Butterflöckchen aufsetzen.

- Im vorgeheizten Backrohr bei 200 - 225°C in 25 - 35 Min. goldbraun überkrusten.

„Sure Grumpera“ (Saure Erdäpfel)

750 g mehlig-festkochende Erdäpfel (Kartoffeln)	1/2 l kräftige Fleischsuppe
1 Zwiebel	2 zerstoßene Wacholderbeeren
50 g Butter oder Butterschmalz	1/2 TL Kümmel
30 g Mehl, 2 - 3 EL Essig	Salz, Pfeffer
	1 Knoblauchzehe

- Die Erdäpfel schälen, waschen und in gesalzenem Wasser garkochen. Abseihen und abkühlen lassen.

- Die Zwiebel schälen, fein schneiden, in heißem Fett rösten, mit Mehl bestäuben und zusammen braun rösten lassen.
Mit Essig und Fleischsuppe ablöschen. Die Gewürze dazugeben und etwa 20 Minuten langsam „köcheln“ lassen.

- Dann die grobblättrig geschnittenen Erdäpfel dazugeben, heiß werden lassen und nochmals abschmekken. Zuletzt die geschälte, gepreßte Knoblauchzehe darüber verteilen.
Gut umrühren.

Unser Tip:
Zu den sauren Erdäpfeln werden gerne dünne, eingerollte „Flädle“ (Pfannkuchen) gereicht. Die Zubereitung der Flädle wird auf der Seite 9 (Flädlesuppe) beschrieben.

Montafoner „Käserdöpfl“

1 Knoblauchzehe und 20 - 30 g Butter für die Form	80 g geriebener Käse, z.B. Emmentaler
1 kg mehlig festkochende Erdäpfel (Kartoffeln)	100 ml süßer Rahm (süße Sahne)
Salz	300 ml Milch
Pfeffer	30 - 40 g Butter

● Die Knoblauchzehe schälen und halbieren. Eine größere, halbhohe Auflaufform damit ausreiben und anschließend mit Butter einfetten.

● Die Erdäpfel schälen, in dünne, gleichmäßige Scheiben schneiden und gründlich waschen. Mit Küchenpapier oder einem Küchentuch trockentupfen.

● Eine Hälfte in die Form geben, würzen und mit etwa 10 g Käse bestreuen. Die zweite Hälfte einfüllen, den restlichen Käse aufstreuen, nochmals würzen, mit Rahm und Milch übergießen und Butterflöckchen aufsetzen.

● Im auf 180 - 200 °C vorgeheizten Backrohr in 60 - 70 Minuten goldbraun backen.

Unser Tip:
Nach Belieben können Sie noch 2 - 3 mittelgroße, in Scheiben geschnittene Zucchini zwischen die Erdäpfelscheiben legen. Dann gelingt das Gericht besonders saftig.

Vorarlberger Krautstrudel

Teig:
250 g Mehl
1 Ei, 1 EL Öl, Salz
ca. 70 - 80 ml Wasser

Füllung:
1 Zwiebel
ca. 800 g Weißkraut
5 EL Butter
Zucker
1 - 2 EL Weißwein
ca. 1/8 l Fleischsuppe
Salz, Pfeffer
gemahlener Kümmel
1/8 l Rahm (süße Sahne)
50 - 60 g Butter zum Bestreichen
Mehl zu Bestreuen

● Das Mehl in eine Schüssel geben, in die Mitte eine Mulde eindrücken, das Ei hineingeben, Öl und Salz zufügen und in der Küchenmaschine unter langsamer Zugabe des Wassers zu einem mittelfesten Teig verarbeiten. Mit der Hand ca. 10 Minuten weiterkneten, bis der Strudelteig glänzt.
Ca. 30 Minuten ruhen lassen.

● Inzwischen die Füllung vorbereiten. Hierfür die Zwiebel schälen und fein hakken. Das Weißkraut waschen und fein schneiden. Die Butter in einem größeren Topf erhitzen und die Zwiebel darin glasig dünsten. Mit Wein ablöschen und mit der Fleischsuppe auffüllen. Das Weißkraut dazugeben, würzen und ca. 30 Minuten

offen dünsten, so daß die Flüssigkeit langsam einkochen kann. Abkühlen lassen und den Rahm unterrühren. Ein großes Tuch auf einem Tisch ausbreiten, mit Mehl bestreuen und den Teig darauf sehr dünn ausrollen. Das Backrohr auf 190 - 210°C vorheizen. Die Butter auslassen und den Strudelteig mit der Hälfte der Butter bestreichen. Die Krautfüllung gleichmäßig darauf verteilen. Das Tuch an einer Seite anheben und den Teig mit Hilfe des Tuches aufrollen. An den Rändern einschlagen und vorsichtig auf ein Backblech gleiten lassen. Mit der restlichen Butter bestreichen und in das Backrohr geben. In ca. 45 - 55 Min. goldbraun backen.

Vorarlberger Rotkrautsalat

- 500 g Rotkraut (Rotkohl)
- 1 großer, säuerlicher Apfel
- 1 TL frisch geriebener Kren (Meerrettich)
- Saft 1/2 Zitrone
- 1/2 Tasse Rotweinessig
- 1 kleines Glas Rotwein
- 2 TL Zucker
- etwas Salz, Kümmel
- 3 - 4 EL Öl
- 1 Zwiebel
- 1 geschälte, zerdrückte Knoblauchzehe nach Belieben

● Das Rotkraut fein schneiden und in eine größere Schüssel geben. Mit dem Fleischklopfer kräftig stampfen, damit das Kraut mürbe wird. Den Apfel schälen, vierteln, vom Kerngehäuse befreien und grob raspeln. Mit dem frisch geriebenen Kren und allen anderen Zutaten zum Kraut geben und gut durchmischen.

● 2 - 3 Stunden zugedeckt marinieren lassen.

Unser Tip:
Der Rotkrautsalat paßt gut zu Schweinefleisch- und Wildgerichten.

Feiner „Rüble"-Salat

- 1 kg „Rüble" (gelbe Rüben, Möhren)
- 1/2 l Wasser, Salz
- 1 Prise Zucker
- 1 Bund frisches Basilikum
- 200 ml Rahm (süße Sahne)
- Saft 1 Zitrone
- weißer Pfeffer

● Die Rüble putzen und waschen.

● Das Wasser mit dem Salz und einer Prise Zucker zum Kochen bringen. Die Rüble im Ganzen in das Wasser geben und etwa 10 Minuten – je nach Dicke – garen. Herausnehmen, abtropfen und abkühlen lassen. Dann erst in ca. 1 cm dicke Scheiben schneiden.

- Das Basilikum vorsichtig waschen, die Blätter in Streifen schneiden und unter die Rüblescheiben mischen.
- Rahm und Zitrone, Salz und Pfeffer leicht verschlagen und über die angerichteten Rüble dekorativ verteilen.

Unser Tip:
Der „Rüble"-Salat paßt gut zu gebratenem Fleisch und Fisch.

Leberspätzle

250 g Rindsleber	2 EL gehackte Petersilie
250 g Mehl	etwas Wasser
1 Ei	80 g Butter
1 Prise Salz	3 - 4 EL Semmelbrösel

● Die Leber kurz abspülen, mit Küchenpapier trockentupfen, häuten, faschieren und mit Mehl, Ei, Salz, Petersilie sowie bei Bedarf etwas Wasser zu einem geschmeidigen Spätzleteig verarbeiten.

● Mindestens 30 Minuten lang rasten lassen, dann durch ein Spätzlesieb in kochendes Wasser drücken.

● 10 Minuten garziehen, gut abtropfen und mit in Butter gerösteten Semmelbröseln anrichten.

Vorarlberger „Nüdele" (Hausnudeln)

300 g Mehl	2 - 3 EL Wasser
2 Eier	60 - 80 g Butter
1 Prise Salz	2 EL gehackte Petersilie

● Aus gesiebtem Mehl, Eiern, Salz und Wasser einen geschmeidigen, glatten Teig kneten und diesen 20 - 30 Minuten rasten lassen.

● Die Arbeitsfläche mit Mehl bestreuen und den Teig darauf dünn austreiben, mit etwas Mehl bestäuben, aufrollen und in sehr dünne Streifen schneiden. So lange trocknen lassen, bis die Nudeln nicht mehr kleben.

● Reichlich gesalzenes Wasser aufkochen, die Nudeln hineingeben, etwa 10 Minuten kochen, abseihen, kalt abschrecken, in heißer Butter schwenken und mit Petersilie bestreut servieren.

Walser Käseknödel

4 altbackene Semmeln (Brötchen), Salz	80 g geriebener Käse
ca. 1/8 l Milch	Semmelbrösel bei Bedarf
1 Ei	2 l Salzwasser zum Kochen
etwas Mehl	50 g Butter
	1 Zwiebel

● Die Semmeln kleinschneiden, in eine Rührschüssel geben, salzen und mit der Milch anfeuchten, zudecken und etwa 20 Minuten lang einziehen lassen. Dabei gelegentlich umrühren.

● Ei mit Mehl verschlagen, hinzufügen, den geriebenen Käse darüberstreuen und die Mischung zu einem geschmeidigen Teig verkneten.

● Weitere 20 Minuten rasten lassen. Sollte der Teig noch zu weich sein, Semmelbrösel daruntermischen.

● Reichlich gesalzenes Wasser erhitzen, aus der Masse mit nassen Händen Knödel formen, in das heiße Wasser geben, die Kochstelle herunterschalten und die Käseknödel in etwa 15 Minuten – je nach Größe – garziehen lassen.

● Mit Hilfe einer Schaumkelle herausheben und mit in heißer Butter gerösteter, feingehackter Zwiebel anrichten.

Vorarlberger „Kässpätzle“

400 g Mehl	200 g grob geriebener Bergkäse oder Emmentaler
4 Eier	250 g Zwiebeln, in Ringen
ca. 1/8 l Wasser	60 g Butter
1 TL Salz	

● Mehl, Eier, Wasser und Salz zu einem zähflüssigen Teig verrühren und 10 Minuten rasten lassen.

● Durch ein großlochiges Spätzlesieb in reichlich kochendes Salzwasser drücken. Je nach Dicke ca. 1 - 3 Minuten kochen lassen, mit einem Schaumlöffel herausheben, auf ein Sieb geben, kalt überbrausen und abtropfen lassen. Den Teig portionsweise aufbrauchen.

● In eine Schüssel abwechselnd Spätzle und geriebenen Käse einfüllen. Zuletzt mit Käse bedecken. Warmstellen.

● Die Butter in einer größeren Pfanne erhitzen. Die Zwiebelringe darin braun rösten, über die angerichteten Spätzle geben und sofort servieren.

„G'schupfte Nudeln"

(Fingernudeln)

400 g vorwiegend festkochende Erdäpfel (Kartoffeln)
1 Ei
150 g Mehl
1 Prise Salz
Pfeffer, frisch gemahlene
Muskatnuß
etwas Milch
Mehl zum Ausrollen
80 - 100 g Butterschmalz
2 EL gehackte Petersilie

- Die Erdäpfel waschen, in der Schale kochen, abschälen, abkühlen lassen, dann fein reiben oder durchpressen. Gut durchkühlen lassen.
- Ei, Mehl sowie Gewürze hinzugeben und unter Zugabe von etwas Milch oder Wasser zu einem festen Erdäpfelteig verkneten.
- Diesen etwa 15 Minuten rasten lassen, dann auf bemehlter Arbeitsfläche zu einer etwa 3 cm dicken Rolle formen und davon 1 cm dicke Scheiben abschneiden. Aus den einzelnen Scheiben fingerlange Nudeln formen und portionsweise in reichlich kochendes Salzwasser geben. So lange

garen, bis sie an die Oberfläche steigen.

- Mit einem Schaumlöffel herausheben, kalt überbrausen und gut abtropfen lassen.

- In heißem Butterschmalz rundherum goldbraun abschmalzen. Mit gehackter Petersilie bestreut servieren.

Unser Tip:
Man kann beim Abschmalzen der Fingernudeln geriebenen Käse darüberstreuen und alles zusammen knusprig braun braten. Diese Variation ist vor allem im Bregenzer Wald sehr beliebt.

„Sure“ (saure) Spätzle

1 große Zwiebel
40 - 50 g Butter
ca. 30 g Mehl
1/2 l kräftige Fleischsuppe
1 EL Essig
1 kleines Lorbeerblatt
1 - 2 Gewürznelken
2 - 3 EL saurer Rahm (Sahne)
Spätzle, wie im Rezept „Kässpätzle“ beschrieben, zubereiten

● Die Zwiebel schälen, fein hacken und in heißer Butter braun rösten. Mit Mehl bestauben, weiterrösten und mit Fleischsuppe ablöschen.

● Unter beständigem Rühren aufkochen, Essig und Gewürze dazugeben, dann auf niedriger Stufe in etwa 30 Minuten zu einer „sämigen“ Soße verkochen. Dabei immer wieder einmal gut durchrühren.

● Inzwischen die Spätzle zubereiten. Zuletzt den sauren Rahm in die Soße einrühren und diese über die Spätzle geben. Sofort servieren.

Interessant für Sie:
„Spätzle“ und „Knöpfle“ unterscheiden sich dadurch, daß bei gleicher Teigzubereitung die „Spätzle“ durch ein spezielles „Spätzlesieb“, auch Spätzleseiher genannt, gedrückt oder von Hand auf einem Holzbrett geschabt, ins Wasser gegeben werden. Die „Knöpfle“ hingegen sind kleine, von Hand abgestochene, in Salzwasser gekochte Teignocken. Sie können aber auch durch ein recht großlochiges Sieb – z. B. ein Salatsieb – in das heiße Wasser gegeben werden. Der Unterschied liegt daher in der Zubereitung.

Spinatspätzle

400 g Mehl
4 Eier
250 g passierter, gut abgetropfter Spinat
1 TL Salz
40 g zerlassene Butter
2 EL geriebener Emmentaler
2 EL geröstete Zwiebeln

● Aus Mehl, Eiern, Spinat und Salz einen zähflüssigen Teig anrühren und etwa 10 Minuten rasten lassen.

● Durch ein großlochiges Spätzlesieb in reichlich kochendes Salzwasser drücken. Je nach Dicke etwa 2 - 4 Minuten kochen lassen, mit einem Schaumlöffel herausheben, auf ein Sieb geben, kalt überbrausen und abtropfen lassen. Den Teig portionsweise aufbrauchen.

● Vor dem Anrichten in zerlassener Butter schwenken, dann mit geriebenem Käse und gerösteten Zwiebeln bestreut servieren.

„Krutknöpfle“ (Krautnocken)

500 g Sauerkraut	4 Eier
80 g Butterschmalz	1/8 l Wasser
1 große Zwiebel, etwas Wasser	1 TL Salz
400 g Mehl	40 g Butter

● Das Sauerkraut mit dem Butterschmalz und geschälter, feingehackter Zwiebel in einer großen Kasserolle erhitzen und unter Zugabe von etwas Wasser hellbraun rösten.

● Inzwischen die Knöpfle zubereiten. Hierzu Mehl, Eier, Wasser und Salz zu einem zähflüssigen Teig verrühren und etwa 10 Minuten rasten lassen.

● Durch ein groblochiges Sieb – beispielsweise ein Salatsieb – in reichlich kochendes Salzwasser drücken. Je nach Dicke etwa 3 - 5 Minuten gut durchkochen lassen, mit einem Schaumlöffel herausheben, auf ein Sieb geben, kalt überbrausen und abtropfen lassen. Den Teig portionsweise aufbrauchen.

● Nun die Knöpfle in heißer Butter goldgelb rösten, unter das Sauerkraut mischen und kurz mitrösten. Nochmals abschmecken, dann servieren.

Montafoner „Bolmentosche“

(Topfenschmarrn)

- 250 g magerer Topfen (Quark)
- 3 Eidotter (Eigelb)
- 80 g Zucker
- abgeriebene Schale und Saft von 1 unbehandelten Zitrone
- 1/4 l Rahm (süße Sahne)
- 1 Prise Salz, 3 - 4 EL Mehl
- 3 Eiklar (Eiweiß)
- 120 - 150 g Butter oder Butterschmalz zum Ausbacken
- 2 - 3 EL Staubzucker (Puderzucker) zum Bestreuen

● Den gut abgetropften Topfen in eine Rührschüssel geben. Eidotter, 40 g Zukker, Rahm, Salz und Zitronenschale sowie -saft dazugeben. Kurz durchrühren. Das Mehl darübersieben und alles gut verrühren. Dazu am besten den Elektroquirl einsetzen.

● Etwa 20 Minuten rasten lassen.

● In einer zweiten Schüssel die Eiklar halbsteif schlagen, den restlichen Zucker nach und nach einrieseln lassen und weiterschlagen, bis die Masse fest ist. Sogleich unter die Topfenmasse heben.

● Die Hälfte der Butter oder des Butterschmalzes in einer größeren Pfanne zerlassen und etwa die Hälfte der Topfenmischung hineingeben. Auf einer Seite goldgelb bräunen lassen, wenden, etwas weiterbacken, dann mit Hilfe von zwei Gabeln in Stücke zerteilen und unter weiterem Wenden fertigbacken. Warmstellen.

● Die restliche Teigmenge genauso zubereiten.

● Die „Bolmentosche“ auf einer vorgewärmten Platte anrichten und mit reichlich Staubzucker bestreut servieren.

Unser Tip:

Zur „Bolmentosche“ paßt am besten eine Frucht- oder Schokoladensoße. In Vorarlberg trinkt man auch gerne gesüßte Milch dazu.

„Hoadelbeermuas“ (Heidelbeermus)

500 g „Hoadelbeeren“ (Heidelbeeren)	2 - 3 EL Mehl
200 g Zucker	etwas kaltes Wasser und kalte Milch
Zimtrinde	30 - 40 g Butter
1 Prise Salz	

● Die gereinigten Beeren mit Zucker, Zimtrinde, Salz und etwas Wasser weichkochen. Das Mehl in wenig kalter Milch glattrühren, zu den kochenden Beeren geben, einrühren und die Mischung in etwa 20 Minuten zu einem dicklichen Brei einkochen.

● Zuletzt mit Butter verfeinern.

Unser Tip:
Anstelle der Heidelbeeren können Sie das „Muas“ auch aus Zwetschken, Äpfeln oder „Kriesen“ (Kirschen) zubereiten.

Rahmmuas (Rahmmus)

20 g Butterschmalz zum Ausstreichen der Pfanne	1 Prise Salz
125 g Mehl	1/2 l Rahm (süße Sahne)
125 g Weizengrieß, etwas Wasser	1/2 l Milch
	50 g flüssige Butter

● Eine recht große, halbhohe Pfanne mit Fett ausstreichen. Mehl und Weizengrieß mischen und mit etwas kaltem Wasser glattrühren.

● Salz, Rahm und Milch in der Pfanne aufkochen. Das Mehl-Grießgemisch langsam einrühren und bei milder Hitze zu einem dicken „Mus“ einkochen. Dabei beständig umrühren.

● Etwas abkühlen lassen, mit flüssiger Butter begießen und warm servieren.

Bregenzer „Eiertosche“ (Eierschmarrn)

200 g Mehl	6 Eidotter (Eigelb)
1/4 l Milch	6 Eiklar (Eiweiß)
1 Prise Salz	1 TL Zitronensaft
2 EL Staubzucker (Puderzucker)	50 - 60 g Butterschmalz zum Ausbacken
1 Pa. Vanillezucker	50 - 60 g Weinbeeren nach Belieben
abgeriebene Schale einer 1/2 unbehandelten Zitrone	Staubzucker zum Bestreuen

- Gesiebtes Mehl, Milch, Salz, Staubzucker, Vanillezucker, Salz und abgeriebene Zitronenschale verrühren. Dazu am besten den Elektroquirl einsetzen. Nach und nach die Eidotter dazugeben und weiterrühren.

- Etwa 20 Minuten rasten lassen.

- In einer separaten Schüssel die Eiklar unter Zugabe von Zitronensaft zu steifem Schnee schlagen. Vorsichtig unter den Teig heben.

- In einer größeren Pfanne einen Teil des Butterschmalzes erhitzen, die Hälfte des Teiges hineingeben und nach Belieben einige gewaschene, gut abgetropfte Weinbeeren darüber verteilen.

- Auf einer Seite goldgelb backen, wenden, noch etwas backen lassen, dann mit Hilfe von zwei Gabeln in kleine Stücke zerteilen und unter weiterem Wenden fertigbacken. Warmstellen und mit der zweiten Hälfte gleich verfahren.

- Zuletzt mit reichlich Staubzucker bestreut servieren.

Vorarlberger „Riebel“

50 - 60 g Butterschmalz	
1/2 l Milch	
1 Prise Salz	
150 g grober Weizen-, Hafer- oder Maisgrieß	
80 - 100 g Butter oder Butterschmalz	
1 Tasse heiße Milch	

- Das Butterschmalz in kochender, leicht gesalzener Milch zergehen lassen. Den Grieß einrühren und so lange auf niedriger Stufe weiterkochen, bis sich der Brei vom Topfrand löst. Gut auskühlen lassen.

- In einer größeren Pfanne die Butter oder das Butterschmalz erhitzen und den inzwischen fest gewordenen Grieß löffelweise dazugeben.

- In noch kleinere Stücke zerteilen und unter beständigem Wenden in etwa 30 - 40 Minuten backen. Der „Riebel“ sollte dann schön knusprig-bröselig sein und eine goldgelbe Farbe haben.

- Vor dem Anrichten eine Tasse heiße Milch daruntermischen.

Interessant für Sie:
Der „Riebel“ kann zu allen Mahlzeiten gegessen werden. In Vorarlberg serviert man ihn gerne entweder mit heißem, ungesüßten Kaffee, mit „Birestock“ (Birnenkompott) oder mit „Süeßlaschnitz“ (Apfelsoße). Er zählt zu den ältesten Gerichten dieses österreichischen Bundeslandes.

Variation I: Riebel mit „Grumpera" (Erdäpfel)

Beim Anrösten des eingekochten, dann ausgekühlten Riebelbreies in reichlich heißem Fett gibt man 250 g vorgekochte, geschälte und blättrig geschnittene „Grumpera" (Erdäpfel, Kartoffeln) hinzu. Bei diesem Gericht verwenden Sie bitte etwas mehr Fett zum Ausbraten.

Variation II: „Krieseriebel" (Kirschenriebel)

300 - 400 g „Kriesen" (Kirschen)
etwas Zimt, mit 50 g Zucker gemischt

Den Riebelbrei zubereiten und abrösten. Nach etwa der Hälfte der Zeit entstielte, entsteinte, gewaschene und gut abgetropfte „Kriesen" (Kirschen) dazugeben. Weiterrösten. Zuletzt das Gericht mit Zimtzucker bestreuen und warm servieren.

Schwarzacher „Hafaloab“ (Hafenlaib)

225 g Maisgrieß	Pfeffer
225 g Mehl	1 Prise Muskat
ca. 1/8 l heiße Fleischsuppe	2 Eier
1 TL Salz	Salzwasser zum Kochen

● Maisgrieß mit Mehl in einer Schüssel mischen, heiße Fleischsuppe dazugeben, würzen und die Mischung zu einem lockeren Nudelteig verarbeiten. Hierzu am besten die Küchenmaschine oder den Elektroquirl einsetzen.

● Abkühlen lassen, dann die Eier dazugeben und nochmals gut durcharbeiten.

● Mindestens 10 - 15 Minuten rasten lassen, dann aus der Teigmasse kleine Laibe von 5 cm Durchmesser formen und diese in gesalzenem Wasser etwa 50 - 60 Minuten lang kochen lassen.

● Die „Hafaloabe“ herausnehmen, abtropfen lassen und in Scheiben schneiden.

Unser Tip:
Der aufgeschnittene „Hafaloab“ eignet sich als Beilage zu Fleischgerichten oder als Einlage für Suppen und Eintöpfe.

Interessant für Sie:
Der „Hafaloab“ ist ein sehr altes, traditionelles Vorarlberger Rezept, das in verschiedenen Abwandlungen zubereitet werden kann. Ursprünglich galt es als Fastenspeise. Heute wird der „Hafaloab“ vielerorts vornehmlich als Beilage zu Fleischspeisen serviert. Der Begriff „Hafa“ stammt von dem Wort „Hafen“ = Kochtopf, in dem das Gericht zubereitet wird, und „Loab“ ist von „Leib“ abgeleitet, der die Speisenform kennzeichnet.

„Öpflküachle“ (Apfelküchle)

Backteig:	750 g säuerliche Äpfel
200 g Mehl	Saft von 1 Zitrone
2 Eidotter (Eigelb)	1 EL Rum
3 EL Öl, 1/4 l Milch	2 EL Zucker, 1/2 TL Zimt
1 Prise Salz, 20 g Zucker	750 g Butterschmalz zum Backen
2 Eiklar (Eiweiß)	

● Für den Backteig das Mehl in eine Schüssel sieben und mit Eidottern, Öl, Milch, Salz und Zucker zu einem glatten Teig verrühren. Mindestens 1 Stunde lang rasten lassen, dann Eiklar zu festem Schnee schlagen und vorsichtig unter den Teig ziehen.

● Die Äpfel schälen, das Kernhaus ausstechen und in ca. 1 cm dicke Scheiben schneiden. Einzeln mit Zitronensaft bestreichen und mit dem Gemisch aus Zimt und Zucker bestreuen.

● Das Butterschmalz erhitzen. Die Apfelscheiben einzeln mit Hilfe einer Gabel in den Backteig eintauchen, sofort in heißem Fett schwimmend von beiden Seiten goldbraun ausbacken, mit einer Schaumkelle vorsichtig herausheben und auf Küchenpapier abtropfen lassen.

Rheintaler Walerküachle

(Ausgerollte Küchle)

300 g Mehl
80 g Butter
1 Ei
1 Prise Salz
1 Tasse Rahm (süße Sahne)
etwas kalte Milch
Backfett oder Öl zum Ausbacken
30 - 40 g Zucker, mit Zimt gemischt

● Gesiebtes Mehl, weiche Butter, Ei und Salz unter Beigabe von etwas Rahm und kalter Milch zu einem nicht zu festen Teig vermischen. So lange durchkneten, bis er Blasen wirft. Hierzu am besten die Küchenmaschine oder den Elektroquirl einsetzen. Dann mindestens 30 Minuten rasten lassen.

● Auf einem „Walerbrett" (Backbrett) mit Hilfe eines „Nudelwalkers" (Teigroller) messerrückendick „auswalken " (ausrollen) und mit einem Teigradl größere viereckige „Flecken" (Teigstücke) abtrennen.

● Das Backfett oder Öl nicht zu heiß erhitzen, die Küachle darin beidseitig backen, herausnehmen und mit dem Gemisch aus Zukker und Zimt bestreuen.

Unser Tip:
Zu den „Walerküachle" paßt am besten ein „Birestock" (Birnenkompott). Das Rezept finden Sie auf der Seite 74.

Feine „Krapfa“

(Germkrapfen)

500 g Mehl
40 g Germ (Hefe)
80 - 100 g Zucker
1 Pa Vanillezucker
Salz
etwa 1/4 l lauwarme Milch
2 - 3 Eidotter (Eigelb)
100 g weiche Butter
etwa 500 - 700 g Butterschmalz zum Ausbacken
4 EL Marillen-(Aprikosen-) Marmelade zum Füllen – nach Belieben
Staubzucker (Puderzucker) zum Bestreuen

● Das Mehl in eine größere Rührschüssel sieben, in die Mitte eine Vertiefung eindrücken. Germ zerbröckeln, hinzugeben und mit etwas Milch und Zucker verrühren. Dieses „Dampfl“ zugedeckt an einem warmen Ort ca. 20 - 30 Minuten gehen lassen.

● Die restliche Milch, den restlichen Zucker, Vanillezucker, Salz, Eidotter und weiche Butter hinzugeben und alles zu einem geschmeidigen Teig verarbeiten, der sich gut vom Schüsselrand lösen sollte. Hierzu am besten die Küchenmaschine oder den Elektroquirl einsetzen.

● Den Teig auf bemehlter Arbeitsfläche ca. 2 cm dick ausrollen, mit einem Glas Kreise von etwa 8 cm Durchmesser ausstechen und mit einem trockenen Tuch zugedeckt nochmals 15 - 20 Minuten gehen lassen.

● Das Butterschmalz erhitzen, die Teigkreise vorsichtig hineingeben und von jeder Seite in etwa 3 Minuten goldbraun backen lassen. Dabei ein- oder mehrmals wenden.

● Die fertigen Krapfen mit Hilfe einer Schaumkelle vorsichtig aus dem heißen Fett heben und auf Küchenpapier abtropfen lassen.

● Ausgekühlt nach Belieben mit Marillenmarmelade füllen. Hierzu am besten eine Krapfenspritztülle einsetzen. Mit reichlich Staubzucker bestreut servieren.

„Löffelküachle“ (Strauben)

1/4 l Milch	1 EL Rum oder Schnaps
1 Prise Salz	Butterschmalz als Backfett
200 g Mehl	Staubzucker (Puderzucker) zum Bestreuen
2 Eier	

- Die Milch langsam aufkochen lassen, salzen und das gesiebte Mehl hineinrühren. Etwas abkühlen lassen, dabei gelegentlich durchrühren.

- Die Eidotter (Eigelb) und den Rum oder Schnaps dazugeben und gleichmäßig unterrühren. Das Eiklar (Eiweiß) steifschlagen und vorsichtig unterziehen.

- Den so vorbereiteten Teig aus einem Straubentrichter oder einem Spritzbeutel kreisförmig, bis etwa zu Tellergröße, in das heiße Backfett (Butterschmalz) einlaufen lassen und gleichmäßig gebräunt ausbacken.

- Die so zubereiteten Strauben noch warm mit Staubzucker bestreuen und sofort servieren.

Interessant für Sie:
Die „Strauben“ sind in der Vorarlberger Küche vor allem als Festtagsgebäck bekannt und beliebt. Man backt sie aus unterschiedlichen Teigmassen. Beim vorgenannten Gebäck ist es wichtig, daß der Teig glattgerührt und gut fließend ist. Strauben lassen sich aber auch aus einem Milch-Brandteig zubereiten. In jedem Fall werden sie mit reichlich Staubzucker bestreut und warm serviert. Dazu gibt es beispielsweise einen kräftigen Hollerwein (Wein aus Holunderbeeren) oder ganz einfach einen guten Kaffee. Werden sie als Hauptgericht serviert, so paßt am besten ein Obstkompott (z.B. „Birestock“) oder ein Apfelmus dazu.

Vorarlberger Zimtsternle

4 Eiklar (Eiweiß)	1 EL Zimt
300 g Zucker	Mehl, 50 g gemahlene Mandeln
2 TL Zitronensaft	2 EL Zucker zum Ausrollen
375 - 400 g gemahlene Haselnüsse	1 Pa runde Oblaten

● Eiklar zu sehr steifem Schnee schlagen, den Zucker nach und nach einrieseln lassen und die Masse unter Zugabe von Zitronensaft zu einer schnittfesten, glänzenden Masse schlagen.

● Von der Schaummasse ca. 1/2 Tasse für den Guß wegnehmen. Unter die restliche Menge Zimt und gemahlene Haselnüsse mischen.

● Das Backrohr auf 130 - 150 °C vorheizen. Mehl, gemahlene Mandeln und Zucker mischen und auf der Arbeitsfläche oder auf einem Backbrett verstreuen.

● Den Teig ca. 1 cm dick darauf ausrollen. Kleine „Sternle" ausstechen, diese auf Oblaten setzen und mit der zurückbehaltenen Eimasse bestreichen.

● In 40 - 45 Minuten backen.
Menge: ca. 45 Stück.

Unser Tip:
Die Glasur der „Zimtsternle" sollte weiß bleiben. Kontrollieren Sie daher zwischendurch und schieben Sie, falls notwendig, zur Abschirmung der Oberhitze ein zweites Blech ein oder lassen Sie die Backrohrtür einen Spalt offen (Holzlöffel einklemmen).

Feine Rübletorte (Möhrentorte)

200 g reife Äpfel	150 g feingestoßener Zwieback oder feingemahlene Semmelbrösel
2 TL Zitronensaft	Butter und Semmelbrösel für die Form
350 g Zucker	3 EL Staubzucker (Puderzucker)
6 Eidotter (Eigelb)	150 g Marzipanrohmasse
1 Prise Salz	etwas rote und gelbe Speisefarbe
Saft und Schale einer unbehandelten Zitrone	2 EL Staubzucker (Puderzucker)
400 g gelbe Rüble (Möhren)	
100 g Mehl	
1 TL Backpulver	
200 g gemahlene Mandeln	
6 Eiklar (Eiweiß)	

● Die Äpfel schälen, vierteln, vom Kerngehäuse befreien und in Scheiben schneiden. Mit Zitronensaft beträufeln, durchmischen und beiseite stellen.

● Zucker, Eidotter, Salz, Zitronenschale und -saft in eine Rührschüssel geben. Mit der Küchenmaschine oder dem Elektroquirl sehr schaumig rühren. Die Rüble putzen, schälen und sehr fein reiben, hinzufügen.

● Das Backrohr auf 160 - 180 °C vorheizen.

● Das mit Backpulver gemischte, gesiebte Mehl und die Mandeln unter die Schaummasse ziehen.

● Das Eiklar steif schlagen. Abwechselnd mit den Zwieback- oder Semmelbröseln unterheben.

● Eine Tortenform (⌀ 26 cm) einfetten und mit Semmelbröseln ausstreuen. Die Hälfte der Teigmasse einfüllen, abgetropfte Apfelschnitze daraufgeben, den restlichen Teig einfüllen und glattstreichen.

● Im vorgeheizten Backrohr in 60 - 70 Minuten backen.

● Den Kuchen in der Form etwas ausdampfen lassen, dann herausnehmen und auf einem Kuchengitter abkühlen lassen.

● Den Staubzucker mit der Marzipanrohmasse vorkneten, die Speisefarbe dazugeben und aus dieser Mischung „Rüble“ als Garnitur formen.

● Die Torte mit Staubzucker verzieren und mit Marzipanrüble garnieren.

Vorarlberger Ofenkatze
(Hefegugelhupf)

500 g Mehl
40 g Germ (Hefe)
60 - 80 g Zucker
1 Pa Vanillezucker, Salz
ca. 1/4 l lauwarme Milch
2 Eier
120 g weiche Butter
30 g getrocknete Kletzen (Birnen)
120 g Weinbeeren (Rosinen)
etwas Rum, Zucker, Zimt
20 g Butter für die Form
1 EL Semmelbrösel

● Das Mehl in eine größere Schüssel sieben, in die Mitte eine Vertiefung eindrücken, Germ zerbröckeln, hinzugeben und mit etwas Milch sowie Zucker verrühren. Dieses „Dampfl" zugedeckt an einem warmen Ort ca. 20 - 30 Minuten gehen lassen.

● Die restliche Milch, den restlichen Zucker, Vanillezucker, Salz, Eier und weiche Butter zum Vorteig geben. Kleingewürfelte Kletzen sowie Weinbeeren mit Rum vermischen. Zucker und Zimt dazugeben und etwas durchziehen lassen. Diese Mischung zum Germteig geben und alles gut verkneten, so daß sich der Teig

vom Schüsselrand löst. Hierzu am besten die Küchenmaschine oder den Elektroquirl einsetzen.

● Nochmals 15 - 20 Minuten gehen lassen, dann auf bemehlter Arbeitsfläche ausrollen und in eine gefettete, mit Semmelbröseln ausgestreute Gugelhupfform geben.

● Weitere 10 - 15 Minuten aufgehen lassen, dann im vorgeheizten Backrohr bei 170 - 180°C in 50 - 60 Minuten backen.

● In der Form ausdämpfen lassen, rundum lockern und stürzen.

Feiner Kriesenkuchen

(Kirschenkuchen)

80 g Butter	
180 g Zucker	
1 Pa Vanillezucker	
5 Eidotter	
200 g Mehl	
1/2 Pa Backpulver	
1 Prise Salz	
3 EL Milch	
4 Tropfen Mandelöl	
100 g gemahlene Haselnüsse	
5 Eiklar (Eiweiß)	
1 TL Zitronensaft	
350 g frische, entsteinte „Kriesen“ (Kirschen)	
Butter und Semmelbrösel für die Form	
Staubzucker (Puderzucker) zum Bestreuen, Schlagobers	

- Butter, Zucker, Vanillezucker und Eidotter in eine Rührschüssel geben und sehr schaumig schlagen. Hierzu am besten die Küchenmaschine oder den Elektroquirl einsetzen.

- Gesiebtes, mit Backpulver gemischtes Mehl, Salz, Milch, Mandelöl und gemahlene Haselnüsse dazugeben. Alles gut verrühren.

- Eiklar mit Zitronensaft schnittfest schlagen und vorsichtig unter den Teig heben.

- Das Backrohr auf 170 - 190 °C vorheizen. Eine Springform, ⌀ 26 cm, einfetten und mit Semmelbröseln gleichmäßig ausstreuen.

- Den vorbereiteten Teig in die Form füllen, die „Kriesen“ (Kirschen) darauf verteilen – sie sinken beim Backen ein –, dann den Kuchen in 55 - 65 Minuten backen.

- In der Form ausdampfen lassen, auf ein Kuchengitter stürzen und gut ausgekühlt mit Staubzucker bestreuen. Schlagobers dazu reichen.

„Süeßlaschnitz" (Apfelsoße)

6 - 7 reife Kochäpfel	50 g Zucker
1/8 l Wasser	Saft 1/2 Zitrone
1/8 l trockener Weißwein	40 g Butter
1 Stück Zimt oder 1/2 TL gemahlener Zimt	

● Die Äpfel schälen, vierteln, das Kernhaus entfernen und in dünne Scheiben schneiden. Mit Wasser, Wein, Zimt, Zucker und Zitronensaft weichkochen.

● Etwas abkühlen lassen, dann durchpassieren und dabei die Kochflüssigkeit auffangen.

● Unter beständigem Rühren mit Zugabe der Butter und einem Teil der Kochflüssigkeit erhitzen, jedoch nicht kochen.

Unser Tip:
Ähnlich bereitet man in Vorarlberg auch eine Kirschensoße zu, die man mit etwas Kirschwasser aromatisiert.

„Birestock" (Birnenkompott)

750 g reife Birnen	Saft einer Zitrone, etwas Zimt
1/4 l Wasser	40 - 50 g Butter
1/8 l trockener Weißwein	1 - 2 EL Zucker
50 g Zucker	20 - 25 g Semmelbrösel

● Die Birnen schälen, halbieren und das Kerngehäuse herausschneiden.

● Wasser, Wein und Zucker aufkochen. Zitronensaft, Zimt und die Birnen dazugeben. Nicht ganz weich dünsten.

● Butter und Zucker bräunen, die Semmelbrösel dazugeben und alles zusammen gut durchrösten.

● Die Birnen samt Saft dazugeben und unter beständigem Rühren dick einkochen lassen.

Kräftiges Bauernbrot

150 g grobes Roggenmehl	700 - 750 ml lauwarmes Wasser
300 g feines Roggenmehl	150 g Sauerteig
350 g Weizenmehl	40 g Germ
450 g grobes Weizenmehl	etwas Roggenmehl, Öl für das Backblech
40 g Sonnenblumenkerne	
Salz, Pfeffer, Brotgewürz	

● Die verschiedenen Mehlsorten mit den Sonnenblumenkernen und den Gewürzen in einer größeren Rührschüssel gut vermischen. In die Mitte eine Vertiefung eindrücken, Germ hineinbröckeln und mit Wasser etwas auflösen.

● Den Sauerteig dazugeben und unter langsamem Zufügen des restlichen Wassers zu einem geschmeidigen Teig verarbeiten. Hierzu setzt man am besten eine leistungsfähige Küchenmaschine mit Knethaken ein.

● Den so vorbereiteten Teig von Hand nochmals kräftig durchkneten und zu einer Kugel formen.

● Zugedeckt an einem warmen Ort mindestens 20 - 30 Minuten aufgehen lassen. Das Backrohr auf 210 - 230°C vorheizen.

● Das Backblech mit Öl einfetten und mit etwas Mehl bestreuen. Den aufgegangenen Teig nochmals durchkneten, zu einem schönen Laib formen und auf das Backblech geben.

● An der Oberseite mehrfach mit einer Gabel einstechen oder mit einem scharfen Messer karoförmig einschneiden.

● Mit Wasser bestreichen, dann in das heiße Backrohr schieben und nach etwa 15 - 20 Minuten die Temperatur auf 180 - 200°C herunterschalten.

● Die gesamte Backzeit beträgt etwa 60 - 75 Minuten.

● Geben Sie das fertige Brot immer auf einen Backrost zum Auskühlen, damit alle Feuchtigkeit entweichen kann.

„Klasmännle“ und „Klasweible“

(Gebildegebäck aus Germteig)

500 g Mehl	1 Ei
40 g Germ (Hefe)	abgeriebene Schale von 1/2 unbehandelten Zitrone
50 - 80 g Zucker	1 Eidotter (Eigelb)
1/8 - 1/4 l lauwarme Milch	2 EL Milch
1 Pa Vanillezucker	Weinbeeren (Rosinen), Aranzini, Mandeln zum Verzieren
100 g Butter	
1 Prise Salz	

● Das Mehl in eine größere Schüssel sieben, in die Mitte eine Vertiefung eindrücken, Germ zerbröckeln, hinzugeben und mit etwas Milch und Zucker verrühren. Dieses „Dampfl“ zugedeckt an einem warmen Ort ca. 20 - 30 Minuten gehen lassen.

● Die restliche Milch, den restlichen Zucker, Vanillezucker, weiche Butter, Salz, Ei und abgeriebene Zitronenschale dazugeben.

● Alles zu einem geschmeidigen Teig verarbeiten, der sich gut vom Schüsselrand lösen sollte. Hierzu am besten die Küchenmaschine oder den Elektroquirl einsetzen.

● Mit einem trockenen Tuch zugedeckt nochmals 15 - 20 Minuten gehen lassen.

● Nun den Teig nochmals gut durchkneten und für zwei Figuren halbieren. Von diesen Hälften wiederum je 1/3 für Verzierungen abtrennen.

● Zunächst Leib und Kopf formen und auf einem gefetteten Backblech zusammensetzen. Aus dem restlichen Teig Rollen formen und als Arme oder Beine an den Leib ansetzen. Für die Verzierungen die abgetrennte Teigmenge ausrollen und nach Belieben ausschneiden.

- Das Backrohr auf 170 - 190°C vorheizen.
- Eidotter mit Milch verschlagen und die Figuren damit bestreichen. Aus Weinbeeren, Aranzini und Mandeln Verzierungen aufsetzen.
- Nochmals kurz gehen lassen, dann in 20 - 30 Minuten goldbraun backen.

Interessant für Sie:
Der „Klas“ (hl. Nikolaus) beschenkt in Vorarlberg am Nikolaustag die Kinder mit einem „Klasmännle“ oder „Klasweible“, das ein Gebildegebäck ist, und dem als Augen Weinbeeren (Rosinen) eingesetzt sind.

Altacher Ringbrot

Teig:

1 kg Mehl

30 g Germ (Hefe)

75 g Zucker

1/4 l Milch, lauwarm

3 Eidotter (Eigelb)

1/2 TL Salz

125 g zerlassene Butter

Zum Bestreichen:

1 Eidotter, 2 EL Milch

- Das Mehl in eine Schüssel sieben, eine Mulde eindrücken, Germ hineinbröckeln und mit etwas Milch und Zucker verrühren. Zugedeckt an einem warmen Ort ca. 30 Minuten gehen lassen. Die restliche Milch, Eidotter, Salz und Butter dazugeben und zu einem glatten Teig verarbeiten, der sich gut vom Schüsselrand lösen muß. Nochmals 15 - 20 Minuten gehen lassen.
- Das Backrohr auf 180 - 200°C vorheizen. Den Teig in drei gleichgroße Stücke teilen, aus jedem Teil eine Rolle von 50 cm Länge formen. Aus den drei Strängen einen Zopf flechten und an den Enden zu einem runden Kranz zusammendrücken. Auf einem gefetteten Backblech nochmals etwas gehen lassen, mit verquirltem Eidotter bestreichen und in 35 - 45 Minuten goldbraun backen.

Vorarlberger Käsespezialitäten

Hohe Almen, weite Täler und eine intensive Milchwirtschaft haben in Vorarlberg die Käsezubereitung zur Tradition werden lassen. Aus der Vielzahl der Sorten werden die bekanntesten nachfolgend kurz beschrieben.

Der **„Sura Käs“ (Sauerkäse)** ist aus entrahmter, saurer Milch hergestellt. Ausreichend gereift wird er verpackt und auf vielen Wochenmärkten und in Milchgeschäften angeboten.

Aus Rohmilch gewinnt man den **Berg- oder Alpkäse.** Er hat einen kräftig würzigen Geschmack. In 4 - 5 Monaten wird er langsam kühl gereift und weist daher nur kleinere Löcher auf.

Den **Emmentaler** bereitet man in Vorarlberg schon seit dem vorigen Jahrhundert aus naturbelassener Rohmilch zu. In beheizten Räumen reift er heran. Die Milchsäurebakterien bilden dann vermehrt Gase, so daß größere Löcher im Käse entstehen. Ähnlich

werden auch die beiden Sorten **„Vorarlberger Tilsiter“** und **„Gouda“** hergestellt. Daneben kennt und schätzt man auch die Sorten **„Romadur“** und **„Camembert“.** Als **„Bolmen“** bezeichnet man im Montafon

den Topfen (Quark). In anderen Regionen des Landes bezeichnet man ihn auch als „Zieger". Der **„Schabzieger"** ist eine bekannte Variation aus Topfen, Steinklee, Pfeffer, Salz und etwas Kümmel. **Vorarlberger Frisch- und Schmelzkäse** umfaßt alle Sorten Topfen und Gervais. Dem Schmelzkäse werden dann noch gerne verschiedene Zutaten wie Paprikapulver, Pfeffer, kleingewürfelter Schinken oder Champignons beigegeben.

Zu den Rezepten:
Die Angaben für das Backen beziehen sich auf Backöfen mit Ober- und Unterhitze. Möchten Sie die jeweiligen Rezepte mit Heißluft zubereiten, so stellen Sie ca. 20°C niedriger ein. Die Backzeiten bleiben in der Regel gleich.

Zum Gebrauch des Buches:
Es werden mehrfach Abkürzungen benutzt, die ich Ihnen nachstehend noch kurz erklären möchte:

EL	Eßlöffel
TL	Teelöffel
Msp	Messerspitze
g	Gramm
kg	Kilogramm
l	Liter
cl	Zentiliter
ml	Milliliter
geh.	gehäuft
ger.	gerieben
gem.	gemahlen
Pa	Päckchen
vorgek.	vorgekocht

Bildnachweis:
Gusto, Wien: Stock Food/S.& P. Eising: Titelseite, 11, 21, 28, 39, 59, 63, 65, 79
Peter Mathis, Hohenems: 2
Österreich Werbung, Wien: 4
Frau Antjes Feinschmecker Studio, Aachen: 13, 35, 41, 47 71, 73, 76
Fotostudio Teubner, Füssen: 25, 55
CMA, Bonn - Bad Godesberg: 27
Komplettbüro GmbH, München: 37, 43, 45, 51, 69
Bildarchiv d. Oberösterr. Kraftwerke AG, Linz: 49

Autorin und Verlag danken den oben genannten Unternehmen für die umfangreiche und freundliche Bereitstellung des Bildmaterials.

Lektorat: U. Calis, München
Design u. Produktion: Verlagsbüro Fritz Petermüller, Siegsdorf
Satz: Druckerei Manstedt, Marquwartstein
Lithos: ColorLine, Verona
Druck und Buchbindung: New Print, Trento

Verlagsnummer: 1706
ISBN 3-85491-726-0

Rum/Innsbruck
Fax 0043 (0)512/26 55 61-8
e-mail: kompass@kompass.at
http://www.kompass.at

3. Auflage 2004

Spezialitäten!

KOMPASS *Küchenschätze*

DEUTSCHLAND

1708 Bayerische Schmankerl
1711 Spezialitäten aus Mecklenburg und Vorpommern
1712 Spezialitäten aus Schleswig-Holstein und aus Hamburg
1713 Spezialitäten aus Thüringen
1714 Schwäbische Spezialitäten
1715 Fränkische Spezialitäten
1722 Weihnachtsbäckerei
1727 Berliner Spezialitäten

ÖSTERREICH

1700 Österreichische Spezialitäten
1702 Österreichische Weihnachtsbäckerei
1703 Tiroler Spezialitäten
1704 Salzburger Spezialitäten
1705 Kärntner Spezialitäten
1706 Vorarlberger Spezialitäten
1707 Steirische Spezialitäten
1709 Wiener Spezialitäten
1710 Österreichische Mehlspeisen
1736 Das kleine Österreichische Kaffeebuch

ITALIEN

1701 Südtiroler Spezialitäten
1737 Spezialitäten aus der Toskana
1754 Südtiroler Backrezepte

VERSCHIEDENE THEMEN

1720 Knödel
1721 Natur-Heilschnäpse, Magenbitter und Liköre
1723 Heilkräuter für Leib und Seele
1724 Das kleine feine Backbuch
1725 Alte Hausmittel
1726 Pasta, Pizza und Risotto
1728 Aufläufe, Gratins, Quiches und Tartes
1729 Strudel & Blätterteig
1730 Das kleine Fischkochbuch
1731 Das kleine bunte Salatbuch
1732 Das kleine Pilzkochbuch
1733 Das kleine Käsekochbuch
1734 Vegetarisch Kochen
1735 Das kleine Buch vom Brotbacken
1738 Das kleine Buch vom Grillen
1739 Das kleine Buch vom Einmachen
1740 Köstliche Desserts

www.kompass.at